धागे-जिंदगी की कतरन के

— राहुल शर्मा "अनभिज्ञ"

BookLeaf
Publishing

India | USA | UK

Presentation by *BookLeaf Publishing*

Web: www.bookleafpub.com

E-mail: info@bookleafpub.com

ISBN: 9789363315495

First edition 2024

"मैं ये किताब अपने जीवन में सब मुश्किलों से लड़कर रोज़ जीने वाले हर उस इंसान को समर्पित करता हूं जो थका नहीं, रुका नहीं और निरंतर प्रयासरत है। मुझे यकीन है कि मैं आगे भी लेखन पर और काम करते रहूंगा।

मैं अपने माता-पिता और परिवारजन का भी हार्दिक धन्यवाद देता हूं कि उन्होंने लेखन को लेकर मुझे हमेशा सराहा है। इस कविता संग्रह को लिखने में मेरी पत्नी (कनिका भट्ट) ने बहुत प्रेरित किया है और उन्ही के विश्वास से मैं लेखन को इस स्तर पर पहली बार आज़मा रहा हूं।"

ACKNOWLEDGEMENT

मैं BookLeaf Publishing का हार्दिक अभिवादन करता हूं जिन्होंने मुझ जैसे नवोदित कलमकार को यह अवसर दिया अपनी कला को लोगों तक पहुंचाने का।

PREFACE

यह कविता संग्रह लिखने की प्रेरणा एक ऐसा विचार था जो यूंही उपजा कि मानो मेरी कहानी, मेरी कविताएं सिर्फ़ मेरी नहीं हैं, ये तो लगभग हर आम आदमी की कहानी है। ज़िंदगी की शर्तों से परेशान भी हैं और उम्मीद भी उसी से है। इस कविता संग्रह को आप तक पहुंचाने के साथ ही एक पड़ाव ज़िंदगी में आगे बढ़ जाने की कोशिश भी है—ये जानने की कि मैं अपनी बात कहने में कितना सक्षम हूं।

अफ़वाहों का दौर है

कुछ बेमतलब की बातों का शोर है,
ये अफ़वाहों का दौर है.....
तुम से ज़्यादा तुमको जो जानते हैं
खुद को अब लोग खूब बुद्धिजीवी मानते हैं,
ये नहीं सच, ये सही खबर है
बस इसी तरह की अफ़वाहें आज चारों तरफ हैं,
कुछ किसी को बेवजह कुरेदना
कुछ बेमतलब की बातों का शोर है,
बस अफ़वाहों का दौर है......

खुद की खबर नहीं जिन्हें
वो मानो खबरगार हो रहे
हम तो जीना चाहते हैं सिर्फ सुकून से
वो न जानें क्यूं इससे बेज़ार हो रहे
हमको नहीं किसी से शिकायत
फिर किस बात का ये रार पुरज़ोर है,
कि कुछ बेमतलब की बातों का शोर है,
बस अफ़वाहों का दौर है......

कोई कुछ भी कहे...
सो कहने दीजिये,
थोड़ी जो है खुशफहमी उन्हें
सो रहने दीजिये,
यूँ तो पहले से हैं वाक़िफ़ हम शख़्सियत से
इस ज़माने भर की..
बस अब आप और कुछ ना बताइये...
कुछ थोड़ा हमें बेखबर भी रहने दीजिये। 🙏

_✍️ राहुल शर्मा "अनभिज्ञ"

आँसुओं के जैसा मेरा भी कोई इक यार तो हो

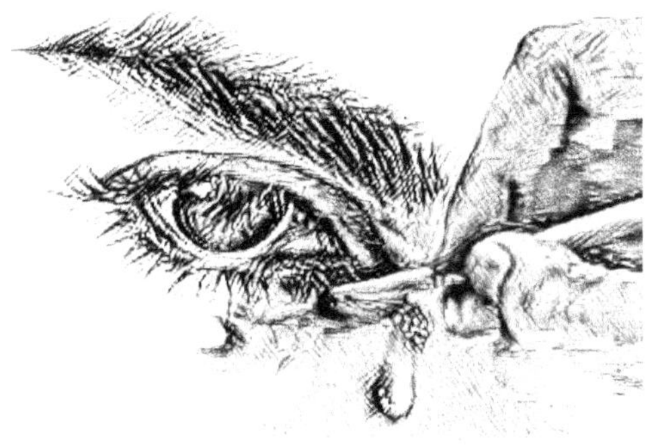

इन आँसुओं के जैसा मेरा भी कोई इक यार तो हो,
हर पल हर घड़ी, हर इक लम्हे में
कोई इन जैसा वफ़ादार तो हो,
खुशी हो या हो गम
आँखों को थोड़ा कर जाए जो नम,
कोई मौका तो ढूंढे इन आँखों में ठहरने का
जिसे इनके जैसे ही मेरे अक्स का हर एहसास तो हो,
कि काश इन आँसुओं के जैसा मेरा भी कोई इक यार
तो हो……

कभी लगे मुमकिन तो
बांध कर रख सके खुद को,
कभी ना ठहर सके तो
इन जैसा इक सैलाब तो हो,
दिल से कर सके बातें मेरे

और गम बाँटकर जिससे हमें कुछ आराम तो हो,
कि काश इन आंसुओं के जैसा
कोई थोड़ा वफ़ादार तो हो
कोई मेरा भी इक ऐसा यार तो हो

और बिन कहे जो समझ सके दिल-ए-हसरत मेरी
क्या महसूस कर रही है ये शख़्सियत मेरी,
कुछ बातें जो ठहरी रही.. कही ना गई
बस किसी ने इनकी तरह हो समझी मेरी,
कोई कर सके पलकों पर बसेरा इस कदर
जैसे इन आँसुओं की ठहरी मानो
कोई पतवार वो हो,
क्या है कोई ऐसा दुनिया जहाँ में
इन जैसा वफादार जो हो,
कि काश इन आंसुओं के जैसा
कोई मेरा भी इक यार तो हो....

_✍ राहुल शर्मा "अनभिज्ञ"

ज़िंदगी की शर्तें

आज ज़िंदगी से एक मुलाकात हुई
मेरे सिरहाने बैठी थी, कुछ उससे यूं बात हुई,
कहने लगी यूं उदास हो क्यों, क्या उलझन है
मैंने कहा कुछ कसक है...शिकायतें भी और
कुछ सवालों से भरा मेरा मन है,
ज़िंदगी ने कहा आज मुझे तुम बता दो
अपने दिल का सारा हाल सुना दो,
तो मैंने भी पूछ लिया ज़िंदगी से कि

ए ज़िंदगी......
क्यों तुझे जीने की इतनी शर्तें हैं
कुछ चाहूं मैं तो उसे पाने की
हासिल कर जाने की
उसके पीछे अनसुने किस्सों की हज़ार परतें हैं,
एक-एक परत में हैं दफ़्न हज़ार ख्वाइशें
और कुछ बेमन तूने जो करवाई, वो हरकतें हैं,

कुछ यादें हैं खटास भरी सी शायद
और कुछ वो तेरी खामखा की नसीहतें हैं,
क्यों नहीं बताया था बचपन में मुझे
कि तुझे जीने की कुछ कीमत है, और इतनी सारी शर्तें
हैं,
ख़ैर...
ज़िंदगी जीना.. लोग कहते हैं इसी को
तो अब तुझसे क्या फिर..ये सवाल किया जाए,
काश हो सके अगर.... तो बस इतना हो जाए
थोड़ी देर भर के लिए ही सही
ये शर्तों से भरी ज़िंदगी, बेशर्त हो जाए.....

मैं कुछ जो मांग लूं, तो दांव नया लगाती है
नई कोई शर्त रखके...औकात मेरी दिखाती है,
हंसती है कभी आइने में मुझ पर,
कभी नौकरी वाला "नौकर" बुलाती है,
कहती है तुम सामाजिक प्राणी जो ठहरे
ये ना करो, वो ना करो, चार लोगों का हवाला दे जाती
है,
संकोच भर जाता है, मन उफान तलक आ जाता है,
कभी रिश्ते, कभी काम, तो कभी
ज़िम्मेदारियों का हवाला दे जाती है,
ज़िंदगी जीना.. लोग कहते हैं इसी को
तो अब तुझसे क्या फिर.. ये सवाल किया जाए,
काश हो सके अगर ....तो बस इतना हो जाए
थोड़ी देर भर के लिए ही सही
ये शर्तों से भरी ज़िंदगी, बेशर्त हो जाए.....

किस-किस से करते फिरेंगे शिकायतें

अब हम इस कठपुतलियों के शहर में,
सब मन के मालिक हैं
इंसानियत नही है किसी के ज़हन में,
ख़ुद को ज्ञानी समझ बैठे हैं
हैं वो सब ना जाने किस वहम में,
अब इन ताकत वालों को भी क्या ही है कोसना
जब काम निकल उनका जाता है इस तरकीब में,
और हम उम्मीद भी करे क्यों किसी से
जब हम ख़ुद भी शामिल हों इसी शर्तों की भीड़ में,
इतनी सारी शर्त तुझसे,
कोई कैसे भला हां जीत पाए,
ज़िंदगी जीना.. लोग कहते हैं इसी को
तो अब तुझसे क्या फिर.. ये सवाल किया जाए,
काश हो सके अगर.. तो बस इतना हो जाए
थोड़ी देर भर के लिए ही सही
ये शर्तों से भरी ज़िंदगी, बेशर्त हो जाए.....

रात भर ना जानें, किस बात से है हैरान
करवटें बेतरतीब हैं, ना जानें फिर क्यों है बेवजह दिल परेशान,
सिर भारी हो जाता है ये सोच सोचकर
कल की सुबह आएगी, ना जानें कौन नई शर्त लेकर,
नींद तो अब बस मेहरबानी भर ही आती है
कभी-कभी उस पर भी, तेरी दी हुई चिंताएं चढ़ जाती हैं,
आज रात सोने को भी सुबह जल्दी उठने की शर्त रखती है
कभी-कभी मैं सो भी नहीं पाता
आंखें कुछ यूंही रात भर जगती हैं,

काश हमे भी पंछियों से पंख कोई लग जाए
ताकि हम भी कहीं दूर...इस ज़िंदगी से बेशर्त सुकूं की
नींद सो जाए,
अब...ज़िंदगी जीना.. लोग कहते हैं इसी को
तो तुझसे क्या फिर.. ये सवाल किया जाए,
काश हो सके अगर.. तो बस इतना हो जाए
थोड़ी देर भर के लिए ही सही
ये शर्तों से भरी ज़िंदगी, बेशर्त हो जाए....

_✍️ राहुल शर्मा "अनभिज्ञ"

मुसाफ़िर था, मुसाफ़िर रहा

आज बात करते हैं मेरी, आपकी और हम सभी की।
ज़िंदगी के इस सफर पर हम सभी एक मुसाफ़िर हैं।
किसी ने सफ़र शुरू किया है, कोई आख़िरी पड़ाव पर
है, तो कोई अभी भी भटक रहा है बस। इसी सफर को
बुनने की कोशिश की है इस कविता में.....

मैं मुसाफ़िर था
मुसाफ़िर रहा,
मोड़ आते रहे, मैं कभी रुका तो कभी चलता रहा
कोशिश भी की, कि कोई कोशिश तो करूँ
मैं खुद से ही थोड़ा ख़फ़ा शायद बेमतलब रहा,
तलाश रही कि कोई मंज़िल दिखे कभी
कि तलाश रही कि कोई मंज़िल दिखे कभी....
इस उलझन में दिल हमेशा बेचैन राहगीर रहा,
कभी कोई आया ही नहीं मेरा हाथ पकड़ने को
मैं दोस्तों से थोड़ा दूर झूठे हमदर्दों के करीब रहा,
ज़माने ने खूब रुखसती की
मैं काबिल था फिर भी काफ़िर रहा,

मैं मुसाफ़िर था
मुसाफ़िर रहा,

अब तो बात है यूं है कि समझो.....
मैं कैद हूँ इस सफ़र में,
ना मुझमें अब हिम्मत-ए-साबिर रहा,
ज़िंदगी जी रहें हैं कि
उमर काटनी है क्योंकि,
सच पूछो तो मुझमें ना कोई
अब ज़ज़्बा-ए-मीर रहा,
क्या-क्या हासिल था,
क्या मैं कर ना सका
बस सवालों में घिरा दिल जैसे एक फ़कीर रहा,
अब इक ज़िंदगी है जो बेज़ार सी समझो
इक जज़्बा है जो बस यूं ही संग-दिल रहा,
एक मैं हूं जो फलक तक बेमतलब हूं,
एक वजूद है मेरा जो बे-पीर रहा,
अब कोई हमराही मिले तो बात बने
नहीं तो समझो ये मेरा हौंसला अब आखिर रहा
कि मैं मुसाफ़िर था
मुसाफ़िर रहा।

_✍ राहुल शर्मा "अनभिज़"

आवारा बादल सी हस्ती

आज बात करते हैं बादलों के बारे में। अगर आप सोचें तो पाएंगे कि बादल जितना निस्वार्थ और नाउम्मीद कोई नहीं है, वो बस खुद बरस-बरस कर सबको ठंडक देता है और बदले में कुछ नहीं चाहता, आपने भी ऐसी शख़्सियत वाले लोगों को शायद आसपास देखा हो। आपका भी कोई इतना खास हो तो उसको सराहा कीजिए, इससे पहले कि उनके अंदर की नमी सूखने लगे।

बादलों की उड़ान में
दिल कभी-कभी इस कदर ठहरता है कि.......
क्यूं ना मैं भी थोड़ा रुक सा जाऊं अभी यहीं,

ये बादल भी तो है राही कोई.....मेरी तरह ही
क्यों न हो इनका भी, परिंदो सा घर कोई,
इन्हें देखकर यूं जो सुकून में हैं सब
बरस-बरस के मांग रहे हैं, ये भी तो कुछ सुकून ही,
परिंदों का भी है इक सफर...है एक मंज़िल भी
बस एक बादल ही तो है,
जो है अभी भी बेघर ......
है अभी भी आवारा ही........

जब-जब कोई यूं है गुज़रता,
आसमाँ के गलियारों से
हो जाते हैं ये भी थोड़े बेपर्दा और थोड़े बेचारा भी,
है इनकी बस इतनी सी ही तो गलती
खुल के खुश ये होते हैं... हैं शोर मचाए भी,
ना कोई शिकायत है, ना कोई इनकी हां चाहत है
बस इनको चाहिए कोई इनको सराहे भी,
ये ही क्यों नहीं कभी आराम थोड़ा लें
क्यों ना हो कोई इनका किनारा भी,
बस एक बादल ही तो है जो है अभी भी बेघर......
है अभी भी आवारा ही........

बादल है एक जो बर्बाद ख़ुद को कर आबाद दूसरों को
करते हैं
ऐसे हो तुम अगर तो
हाल है दोस्त है बुरा तुम्हारा भी,
दौड़ है चारों तरफ, बेमतल का शोर है
किसने क्या उनसे पूछा कभी, क्या है हाल तुम्हारा भी,
ये ज़ालिम है ज़माना और पत्थर के लोग हैं
है क्या कभी पसीजा बादलों सा दिल तुम्हारा भी,

सबको ख़ुद से वास्ता, सबको ख़ुद में मय है
कौन अब है सोचता, हो इनसा दिल बेनफ़्स हमारा भी,
परिंदों का भी है इक सफर...है एक मंज़िल भी
बस एक बादल ही तो है,
जो है अभी भी बेघर ......
है अभी भी आवारा ही........

_✍️ राहुल शर्मा "अनभिज्ञ"

तिनका-तिनका ऐसे मैं खुद को संभालता हूं

आज बात करेंगे हर उस नौकरीपेशा इंसान की जो बस अपनी ज़िम्मेदारियाँ निभाने के लिए नौकरी की नौका पर सवार है। और ना जाने कितनी ही कश्मकाशों से रोज़ लड़ रहा है लेकिन फिर भी लगा हुआ है।

लगा जैसे था मैं जागा अभी
सुबह की रोशनी थी यही कहीं तो अभी,
मैं अभी ही तो कुछ सोचकर
थोड़ा अच्छा बुरा तोलकर,
घर से था निकला.....
जुनूनी मन से मानो अभी,
दिन ढल रहा था मायूस सा यूं
और मैं ये होने से ना ही रोक पाया भी,
मैं काबिल नही हूं मुमकिन तो है ये भी,
बंधा हूं कुछ बेजान नियमों से मैं क्योंकि,

शाम होते होते इसी कोशिश में
लगा रहा मैं कुछ कोशिश करने की कोशिश में,
पर ना आगे बढ़ पाऊं तो बेकार है हर कोशिश भी,
ख़ुद को ख़ुद में ढूंढने में लगा हुआ मैं
खो देता हूं मैं मानो ख़ुद को रोज़ ही,
आज फिर से मैं ये सोचकर
थोड़ा ख़ुद पर शायद चिल्लाऊंगा,
करके ख़ुद से वादा कुछ कर गुज़रने का.....
थोड़े सपने भर आंखों में,
मैं फिर से सो जाऊंगा,
कुछ सवालों का गट्ठर लेकर भटकता रहता है मन
क्या-क्या छोड़ आया और पाया है क्या ही,
ये वो ही रास्ता है जिस पर दौड़ने को निकला था
अब थक कर रुकने को कहता है दिल भी,
पर कुछ पुलिंदा है जो ज़िम्मेदारियों का
उसकी चाबी सौंपी गई है मुझे ही,
अब तो बस है कि मैं रातों को इनको
और दिन में ज़माने को खंगालता हूं....
तिनका-तिनका ऐसे मैं ख़ुद को संभालता हूं,
कुछ ऐसे ही अब ये दिन कट रहे हैं
पता नहीं कौन जानें....
समय हमसे या हम समय से लड़ रहे हैं।

_🖊 राहुल शर्मा "अनभिज्ञ"

वक्त से... कुछ वक्त चुराना,
इक बार तो सिखा दो मुझे....

ये किस्सा है हर उस नौकरीपेशा इंसान का जो नौकरी और रिश्तों के बीच फंसा है। उसके पास जैसे वक्त ही नहीं है अपने निजी जीवन के लिए। हर बार जब भी वो परिवार को, रिश्तों को वक्त देने की सोचता है, किसी न किसी काम में फंस कर रह जाता है और बस "फिर कभी देखते हैं" कहना उसकी मजबूरी हो जाती है।

हमारे किस्से में एक लड़का है जो अपने घर से दूर शहर कहीं नौकरी करता है और काफ़ी दिनों से अपनी प्रेमिका से मिलने को समय नहीं निकाल पा रहा। तो बस अपनी व्यस्तता को इस प्रकार बता रहा है:

मैं बहाने नहीं बनाता.... बहाना ढूंढता हूं

तुमसे दूर रहने को नही.... मिलने को ढूंढता हूं,
यकीन नहीं होता के तुम नाराज़ हो क्यों नहीं
शायद मैं नासमझ हूं या ज़्यादा ही सोचता हूं,
मैं तुम्हें हर पल पास रखना चाहता हूं अपने
बस कभी-कभी लगते हैं ये ख्याल कोई सपने,
मैं चाहकर भी ना इस जाल से निकल कहां पाता हूँ
कोशिश कर-कर के भी, लगभग हर बार हार जाता हूँ,
अब तो बस आवाज़ तुम्हारी उस जगह मैं सुनना
चाहता हूँ,
जहाँ बैठकर संग तुम्हारे दिन फुर्सत से गुज़रा करते
थे,
सुकून था.. हम खुश थे,
तुम्हारे दीदार को ना तरसा करते थे,
मैं डरता हूं कि तुम इसे सच ना मान लो
ज़िंदगी का हिस्सा है ये... कोई समझौता न ठान लो,
तुम मुझे थोड़ा कड़वा सुनाया करो
कर सकूं और भी कोशिश.... थोड़ा हक जताया करो,
मुझे तुम्हारे साथ ने ही तो शायद थाम कर रखा है
बार-बार रोज रोज़ टूटने से जोड़ कर रखा है,
मेरा मन पागल है तुमसे मिलने को
फिर से तुम्हारा हाथ पकड़ कर... गले हां मिलने को,
बहुत याद आते हो जब मेरा हौंसला सा टूटता है
तुम नहीं हो हाथ पकड़ने को, दिल दरिया आंखों से
फूटता है,
पर तुम जब बात करते हो खुश होकर
मैं सब कुछ छुपाता हूं,
आंसुओं और बेबसी को बंद करके
रख लेता हूं दिल के एक कोने में....
तुमको खुश और अच्छा जानकर

सब कुछ भूल सा जाता हूं,
अब तो बस तुमसे मिलना एक ख्वाइश भर रह जाती
है
इतनी घुटन में भी बस तेरी वो कुछ मिनटों की
विडियो कॉल
मुझे इक दवा जैसे कोई दे जाती है,
और बस अच्छा वक्त आयेगा ये हौसला दे जाती है,
कैसे करते हो बातें यूँ तुम खुद से भी दिनभर
कैसे छोटे-छोटे पल भी....
तुम बस यूँ जिए जाते हो,
हमारे पास तो जैसे वक्त में भी वक्त नहीं है, ये
समझो
ना जाने कैसे यूँ तुम हर पल...
बस हंसी की धुन गुनगुनाते हो,
क्या ये राज़ है बेफिक्री का तुम्हारी,
इक बार ज़रा समझा दो मुझे,
कोई नुस्खा हो अज़ीज़,
तो ज़रा बता दो मुझे
इस वक्त से... कुछ वक्त चुराना,
इक बार तो सिखा दो मुझे.....

_✍️ राहुल शर्मा "अनभिज्ञ"

ऐ शाम... तू थोड़ा धीरे-धीरे गुज़र,

हमारी आज की कहानी है एक प्यार में हारे हुए शख़्स की जो रोज़ अब यही सोचता है कि चूक कहाँ हुई। वो समझ नहीं पा रहा कि उसने हर मुमकिन कोशिश की उसे अपना बना सके। उसको हर लाज़िम तरीके से अपना मान लिया था और उसके चले जाने से सिर्फ़ वही परेशान है और दूसरा शख़्स आगे बढ़ चुका है। एक शाम वो बैठकर खुद से कुछ यूं बातें कर रहा है—

ऐ शाम... तू थोड़ा धीरे-धीरे गुज़र,
कुछ बाते करनी है तुझसे

थोड़ा रूक थोड़ा थम....मेरे संग भी कर सफ़र,
आजा, फिर क्यूं ना आज बुला लें
उन ठण्डी हवाओं को
किसी को भेजी थी दिल से... उन सदाओं को,
थोड़ा मौसम को भी बोल कि रुख़ नरम रखे
इतना ना रंगीन करें वो इन फ़िज़ाओं को,
आज बात ना करे कोई फिर से यहाँ ज़ुल्फ़ों की
ये भी कह देना बेईमान इन घटाओं को,
मैं हूं यहीं तेरे संग, जहां पहले भी था
तू क्यों ढूंढ रही उन जा चुके से हमराहों को,
उनकी मंज़िल पे वो हैं निकले, हमराही कोई और है
बात बस इतनी सी है, उनके दिल की रज़ा कुछ और है
कुछ यूँ ना ख्वाहिश तू..... रोज़-रोज़ ना नई जगाया
कर

और हां थोड़ा संभल.....
जुनून-ए-हसरत के बहकावे में ना आया कर,
मैं तो नादां हूँ बेफिक्र मनमौजी पंछी कोई
मुझे थोड़ा तो तू समझाया कर,
तू रोज़ तो मिलती है जहां भर से
कभी तो तू कोशिश कर—
मेरे सपनों से भी मिल आया कर,
तू है अक्स.... वक्त का ही तो
इसे यूं तो ना तू ज़ाया कर,
अगर हो मंज़ूर ये सौदा दोस्ती का
तो मुझे भी कभी वक्त की सैर पर ले जाया कर,
कुछ जो यादें हैं धुंधली सी
कभी उसके किस्से सुनाया कर,
मैं भूल ना जाऊँ कहीं इक-इक वो हसीं पल
तू कभी उसके गीत भी तो सुनाया कर,

कभी हो दर्द वाला सबब कोई
तू मुझे थोड़ा तो रुलाया कर,
मैं कोई पत्थर ना बन जाऊँ कहीं
तू हकीकत-ए-हाल बतलाया कर,
मैं अब कोशिश में हूं कि
ख़ुद को ना चुप रहने दूं
तू भी थोड़ा पास आकर हाल पूछ जाया कर,
ऐ शाम, थोड़ा धीरे-धीरे गुज़र
कुछ बातें करनी है तुझसे
थोड़ा ठहर मेरे लिए... मेरे संग भी कर सफ़र

_🖊 राहुल शर्मा "अनभिज़"

आईना क्या बोल गया......

दोस्तों.....आपने कई बार ये महसूस किया होगा कि जब कभी आपको अफ़सोस होता है तो ख़ुद पर बहुत ग़ुस्सा आता है, ख़ुद से ही नफ़रत होने लगती है। पर इंसान ख़ुद से नहीं भाग सकता, उसे तो जवाब ढूंढने पड़ते हैं फिर अपने सवालों के। नहीं तो अफ़सोस इंसान को जीते जी घेरे रहता है बस उसी पर कुछ कहने की कोशिश करी है—

आईना क्या बोल गया......
बेतहाशा वो मुझ पर कुछ सवाल छोड़ गया,
जब मेरी इन आँखों ने मेरी असल नम आंखों को देखा...
लगा... जैसे मेरा ही अक्स मुझसे नज़र मोड़ गया,
मैं कोशिश में रहा कि ना ख़ुद से मिलाऊँ नज़र यूं
और लगा ख़ुद का ही मैं जैसे.... हाथ छोड़ गया,
क्या था मेरा सवाल अपने उस ख़ुद से
कोई जवाब भी ना था.....ये सच मुझे तोड़ गया,

ना जाने आईना क्या बोल गया.........
बेतहाशा वो मुझ पर कुछ सवाल छोड़ गया........

मेरे अन्तर्मन में झांक लेने को बोल गया
इक पल में कुछ यादों का पुलिंदा मेरे सामने खोल
गया
मैं समेट भी ना सका और ना ही मैं गिरा भी पाया
कुछ ऐसे वो एक अजीब हालात में मुझे छोड़ गया,
मैंने कहा अपने आप से कि चल आज ये ख़त्म कर
लेकिन मेरा दिल ना माना...मुझसे ही बगावत छेड़
गया,
मैं अपने इस जिस्म में इक लाचार जान भर रहा मानो
मेरा हर शब्द भी अब मेरे ख़िलाफ़ सा बोल गया,
ना जाने आईना क्या बोल गया........
बेतहाशा वो मुझ पर कुछ सवाल छोड़ गया........

मैंने कहा उसको बात सुन ले मेरी
मेरे अंदर के अफ़सोस को बाहर कर
वो खुद टूटकर ये रास्ता भी तोड़ गया,
हर एक टुकड़ा औजार था समझो....
शायद वो ये इशारा छोड़ गया,
कि हर टुकड़े में मेरा चेहरा अलग है मानो
इतना बड़ा सच बताकर.... वो मुझको भी तोड़ गया,
मुझसे कहता रहा कि तू कांच ना बन
कहते-कहते ये मुझपे छाप गहरी छोड़ गया
ना जाने आईना क्या बोल गया........
बेतहाशा वो मुझ पर कुछ सवाल छोड़ गया........

_🖊 राहुल शर्मा "अनभिज्ञ"

कैसी ये नाराज़गी

ज़िंदगी ना दोस्त.......शहद की तरह है। ज़रा-ज़रा
टपकती है, इसे इकट्ठा करने, इसे समेटने में बहुत
मेहनत लगती है। हम सब बस मधुमक्खियों की तरह
लगे रहते हैं और वक्त हमें नचाता रहता है।
फिर अपना लिखा हुआ करवाकर ज़िंदगी आपको फिर
से एक नये सिरे को पकड़ा देती है। मुबारक हो,
आपका स्वागत है इस छत्ते में बनाइए
शहद......मतलब नाचिए फिर से कठपुतली बनकर
इसके इशारों पर। ज़रा सुनिए जब बात होती है
ज़िंदगी से तो क्या कुछ कहता है इंसान:

तुझको क्या बैर है हमसे
है कैसी तुझे ये नाराज़गी,
थकान भरा है सफर तेरा क्यूं
नहीं लगती इसमें कोई अब ताज़गी,
क्यूँ तूने हमें बताई कहानी ये समझदारी वाली
क्यूं नहीं लौटा देती वापस तू......
मेरे बेफिक्र बचपन की वो राज़गी,
हर पल इतने भाव जगाती

जो तू चाहे हमसे करवाती,
कभी तो देख... करके दोस्ती हमसे
शायद हमे तू कभी फिर थोड़ा समझ पाती,
कभी कुछ बैठकर मुझसे बातें तो कर
है बताने को बहुत कुछ तुझे दिल-भर,
कुछ शिकायतें भी हैं कुछ यादें भी हैं हसीं,
कुछ किस्से तेरी मनमानी के और.....
कुछ अनचाही मिली थी वो खुशी,
हमने तो अब तेरे दिए ज़ख़्म भी.....
धीरे-धीरे कुछ यूं सी दिए,
माना खुलकर नहीं सही पर.....
हम ज़रा-ज़रा सा जी लिए,
ज़्यादा कुछ नहीं चाहिए तुझसे हमें
बस थोड़ा इक ठहराव तो ले,
क्यूँ है इतनी बेतरतीब तू लिए हमारे....
थोड़ा हमें अब आराम तो दे,
जो हम भी लिख लें दिल का गीत कोई
जिसमें हो मनमर्ज़ी की बेफिक्री और साज़गी
कि ज़िंदगी क्या है तुझे बैर हमसे
है कैसी ये नाराज़गी है
कैसी ये नाराज़गी..........

_ ✍ राहुल शर्मा "अनभिज्ञ"

ज़रा सा चांद....

दोस्तों, क्या आपने ख़ुद से बात की है कि आप क्या है
ऐसा जिसको भुला नहीं पा रहे। मैं बताता हूं,..... जब
आप किसी को भुलाना चाहें तो उसको भुलाना और भी
मुश्किल हो जाता है क्योंकि अब आपका पूरा ध्यान
इस बात पर है कि उसका ध्यान ही ना आए। मुबारक
हो आप ख़ुद में ही नज़रबंद हो चुके हैं।
एक ऐसे ही इंसान के बारे में ये कविता है जो अपना
अतीत भुलाने की कोशिश में है पर वो और भी ज़्यादा
उसी में उलझता जाता है।

ज़रा सा चांद चमके तो.......
फिर कुछ तो रोशन ये रात भी होगी,
अंधेरा छंटेगा... ये डर कटेगा

कुछ बढ़ेगा यकीं कि मैं अकेला नहीं इस सन्नाटे में
खुद से ही सही..... कुछ बात तो होगी,
हो सकता है कि याद कुछ वो मुफ़लिसी आए
जिसमें थे ना हरफ़ मेरे पास कोई,
फिर शायद ज़िंदा वो मायूस सी रात तो होगी,
हो सकता है कि कोई ग़ज़ल पढ़ूं इस दफ़ा मैं
धूल में लिपटी उस डायरी से.......इस बहाने
मेरी फ़क़त एक मुलाकात तो होगी,
फिर इस रोशनी में छान लेंगे हम वो पन्ने पुराने
जो लिखे थे हमने यूं ही कुछ अपने,
कुछ उनके दिल के अफ़साने
कुछ घाव भी कुरेदे जाएंगे फिर से इस मर्तबा
इस बार शायद ये चोट वफ़ादार तो होगी,
कि चांद चमके तो......
फिर कुछ तो रोशन ये रात भी होगी........

छत पर आज भी निशां है पैरों के उनके
कोई तो हां हुई ऐसी मुलाकात भी होगी,
जो ठहरकर बनाए थे चेहरे दीवारों पर
उनमें अभी भी ज़िंदा कोई याद तो होगी,
हरफ़ थे नही, ना था लिखने का सलीका
फिर भी है लिखा.......
ऐसी कुछ अनकही बात तो होगी,
चांद चमके तो वो पन्ना पलटूंगा मैं
कि चांद चमके तो वो पन्ना पलटूंगा मैं मेरे इन आँखों
से........
जिसमें छिपी वो पहली मुलाकात तो होगी,
टिमटिमा कर जब सितारे करते थे सजावट
उस रात की कसमों की लिखी मैंने बारात तो होगी,

कुछ वादे जो लिखे थे अधूरे रहे
मगर उनके हिस्से की बाकी
अभी भी शायद वहाँ छाप तो होगी,
आज ज़रा चांद चमके तो,
फिर कुछ तो रोशन ये रात भी होगी
कुछ तो रोशन ये रात भी होगी..........

_ ✍ राहुल शर्मा "अनभिज्ञ"

नींद रूठ जाती है मुझसे यूँ अक्सर

दोस्तों, क्या आपके साथ भी ऐसा होता है कि आप अचानक से किसी को याद करें और रात भर बस उसे फिर दिमाग से निकालने में पूरी रात सिर्फ़ बेतरतीब करवटें बदलते हैं। ऐसा होता है जब हम बेफिक्र हो जाते हैं कि रात के सन्नाटे में हमे रोते देखने वाला कोई नहीं है, कोई नहीं है जो आपके चेहरे की उदासी पढ़ सके और आपको किसी को जवाब ना देना पड़े। बस ये बेफिक्री पुरानी यादों को रात में आपके सिरहाने छोड़ आती है ताकि आप रात भर नींद से रूठे रहें। एक ऐसे ही इंसान के बारे में ये कविता है जो अपने आगे तो बढ़ गया पर अतीत के झरोखे उसे कभी-कभी नज़र आते हैं और उससे नींद रूठ जाती है।

नींद रूठ जाती है मुझसे यूँ अक्सर,
जब ख्याल आता है कि
आज ख्याल उनके बारे में ना हो,
क्यूं याद आता है उनका कहना
हमसे कुछ बातें बेफिक्र ही
मिलते जो हम थे कभी-कभी ,
कभी-कभी दिल ठहरा सा रहता है
रह-रह कर कुछ अटका सा रहता है ,
अटका रहता है कि उसे क्या अहसास भर भी न था
कोशिश तो भरपूर थी मेरी, प्यार भी कम तो ना था,
क्या कमी रही नाप तोल नहीं कर पाया मैं
शायद मेरा वहम था...अभी तक यक़ीं कर ना पाया मैं,
यक़ीं करना चाहता हूं कि गलत मैं ही तो था
रास्ता उनके दिल का... इस दिल तलक ना था,
पर मैंने तो कभी बदले में प्यार मांगा ही नहीं
मांगा तो हाथ था, उसने जो थामा ही नहीं,
थाम जो लेते वो तो मैं भी उनमें इक दोस्त पाता
ये इश्क़ की रवायत वो निभाते तो मैं इक हमसफर
पाता,
हमसफर संग चलते ज़िंदगी भर हर कदम
ज़िंदगी के सफर में हमदम मैं भी उनका बन जाता,
अब भी ना जाने क्यों दिल को उम्मीद जगी है
उम्मीद है कि मेरी ये आदत छूटे
क्यूंकि आदत अब आदतन हो चली है,
आदतन हो जाना इश्क़ किसी से
सच मानो.....बहुत मुश्किल है यूं दूर जाना किसी से,
भूल जाना क्या किसी को आसान है इतना
अक्स जिसका हो बसा ज़हन में उतना,
उतना कि वो चाहता हूं उस वक्त को मैं रोक दूं

जब वो साथ थे, वो सारे लम्हे मैं वापस मोड़ दूं,
पर हकीकत-ए-हाल से वाक़िफ़ जो हूं
खुदा नही हूं ना कोई, बेबस इंसां ही तो हूं,
ये बेबसी ही बस बार-बार मुझे रुलाती है
मैं कुछ कर नहीं सकता अब… बस याद ये दिलाती है,
यादों को समेटने की काश कोई माजिल हां हो
लिखकर कुछ ज़िक्र उनका ये कहता है दिल…
मिटा दें ये लिखा ताकि
कोई पढ़कर मेंरे इस दर्द से वाक़िफ़ ना हो,
खो देता हूं मैं खुद को ना जाने क्यों
इस असमंजस के दलदल में बेतरतीब ही…
पूरी रात में भी ना समझे ये…
जैसे कोई दिल ये मेरा क़फ़ील हां हो,
कि नींद रूठ जाती है मुझसे यूँ अक्सर,
जब ख्याल आता है कि
आज ख्याल उनके बारे में ना हो………

_✍ राहुल शर्मा "अनभिज्ञ"

रातों की सुनसान दीवारों पर बस इक चांदनुमा दरीचा हो

जब ज़िंदगी अटकने लगे तो अपने उन दिनों को याद कीजिए जब आपने इसे भी बुरे वक्त का बहुत डटकर सामना किया था। वो आप ही थे जिसने ख़ुद को उठाया था बस ज़रूरत है तो उम्मीद की रोशनी के एक छोटे से कतरे की, चलिए आज आपको उस सफ़र पर ले चले जहां हारा हुआ एक इंसान बस उम्मीद की खिड़की ढूंढ रहा है और लगा है ख़ुद को समझाने में...

रातों की सुनसान दीवारों पर
इक चांदनुमा दरीचा हो,
कुछ धूल आए उससे इस पार भी
जैसे उस पार सितारों का बगीचा हो,
कुछ अंधेर भरे इस दिल-कमरे में
थोड़ा उसकी चांदनी का दीदार हो,

सच ही तो है मान भी लो……
बेज़ार और खाली है वो दिल-ए-कमरा
जिसमें सिर्फ दीवार ही दीवार हो,
थोड़ी सांसे अब चाहिए इसे भी…. ज़रा समझो तुम
हंसी कुछ सपनों की नींद के खातिर
थोड़ा सुकून ही मांगता है मासूम
कुछ ज़्यादा भी क्या मांग लिया आखिर,
अब रातों को यूं बेवजह जागने से
ख़ुद से ज़्यादा दूर भागने से,
बदलेगा सिर्फ़ तुम्हारा मिज़ाज ही
और कुछ न बदलेगा
ख़ुद से दूरी बढ़ती रहेगी, बस
और वो मलाल का पत्थर ना पिघलेगा,
हो सकता है एक लंबा वक्त लग जाए
वो सफर हां तय करने में ….
हो सकता है कई रातें गुज़र जाएँ
फिर से वो अमावस को ढलने में,
वाजिब तो है कि कुछ एक कतरे से शुरुआत करो
बहुत ज़्यादा नहीं तो कुछ तो बात करो,
बात वही जो पहले जैसी लगे
कोशिश करो कि कोशिश ये वैसी लगे,
बस एक बार हिम्मत जुटाने की हिम्मत जो हो
ख़ुद को ख़ुद से फिर मिलाने की कुव्वत जो हो,
बस चाहिए कि अब अंधेर इस रात में
कुछ और बाकी बंदिश में ना ठहरा हो
अंधेरा कटे तो इस बार कुछ असर इतना गहरा हो
क्यों ना पेड़ लगाया जाए फ़िर से रोशनी का ….
जिसके फल को जुगनुओं ने ही चाहे सींचा हो,
रातों की सुनसान दीवारों पर बस

इक चांदनुमा दरीचा हो।

_🖌️ राहुल शर्मा "अनभिज्ञ"

अधूरी ख्वाहिशों के नाम इक चिट्ठी

कभी कोई मलाल आपको ज़िंदगी भर कचोटता है और सिर्फ़ एक "काश" पर बस अटका रहता है और आपका पीछा नहीं छोड़ता है। आज की कविता है उन्हीं कुछ अधूरी ख्वाहिशों के नाम है, सुनिए की उन अधूरी ख्वाहिशों के नाम क्या लिख रहा है ऐसा शख़्स........

अधूरी कुछ ख्वाहिशों के नाम
इक चिट्ठी लिखी थी हमने
जिसमें कुछ शिकायतों की लिखावट थी
कुछ आंसुओं की भी सजावट थी,
कुछ हरफ़ थे कसक भरे
जिन्हें लिखते हुए होंठो पे हमारे......
इक सहमी सी, रोती हुई सी मुस्कुराहट थी,
स्याही थी उन बेमन कोशिशों की

जो उम्र से पहले समझदार होने की कवायद थी,
वो जो हमने ज़िद ख़ुद से की थी कभी पाने की
कुछ ऐसा चाहने की और उस में ही खो जाने की,
पा लेंगे उसे हम तो ये ख्याली पकवान बनाने की,
कुछ ऐसी ही अधूरी ख्वाहिशों के नाम
इक चिट्ठी लिखी थी हमने....

इस ज़माने में हम भी शरीफ़ बनते रहे
ऐसी झूठी कहानी में ढल जाने की,
कुछ सामाजिकता की सौगंध खाकर
बेफ़ीज़ूल ही अपने सपनों को लुटाने की,
कुछ देर हुई और अब बहुत हुई
हमारे ख्वाबों में वो ख्वाइश थी सोई हुई,
मौका तो था, हम खुद से ही लड़ ना सके
बस यूं सोच-सोच कर शायद आगे बढ़ ना सके,
इस मन में कुछ हिचकिचाहट की
कुछ लिखकर बाद में मिटाने की
और कुछ जो छूट गया हमसे अब बहुत पीछे
उसे अब शायद ना लिख पाने की
अपने उस पागलपन से
कभी ना अब शायद हां मिल पाने की,
बस कुछ ऐसी ही अधूरी ख्वाहिशों के नाम
इक चिट्ठी लिखी थी हमने....

_✍ राहुल शर्मा "अनभिज्ञ"

वो अब मयस्सर है ज़िंदगी में मेरी.....

ये कहानी है उस लड़के की जो उसके पीछे भागता रहा जो उसकी कद्र नहीं करते और अपनी सच्ची मोहब्बत को पहचान नहीं पाया। एक दिन ठुकराए जाने के बाद उदास बैठे उस लड़के को उसकी दोस्त सँभालती है और बताती है वो उससे प्यार करती है पर कभी कह ना पाई। सुनिए क्या कहती है वो—

तुम्हें मोती, संगमरमर और पसंद हैं
वो कश्तियां विलासी,

पर मैं हूँ रेत के ढेर में कण भर सी,
किनारे पर मिल लेती हूँ तेरे प्यार की लहरों से
क्योंकि तुम रोज़ समंदर से मिलते तो हो किनारों पर ही,
तुम्हारा वो रोज़ छूना भर ही काफी-सा लगता था
क्योंकि मुझे सूख कर बिखरने से डर जो लगता था...

ये सुनकर वो लड़का इस तरह से सुन्न रह गया जैसे किसी ने ढेर सारी बर्फ उड़ेल दी हो उस पर। उसे अपनी गलती का एहसास हो चुका था कि वो गलत सड़क पर दौड़ रहा था। मंज़िल तो पास में ही थी और वो दुनिया भर के चक्कर लगा रहा था।

रोती हुई लड़की को उसने पहले SORRY कहकर माफ़ी मांगी और कहा तुमने सही कहा कि मैं पागल समंदर ही हूँ। तुम किनारे पर हर वक्त थी और मैं जहां-तहाँ भटक रहा था और ठीक वैसे ही मैं भी रोज़ बातें तुमसे ही करता था जैसे रोज़ समंदर का पानी किनारे पर पड़ी रेत से मिलता है। मैं कितना बड़ा बेवकूफ हूँ। तुम रेत भी हो तो मुझे पूरा करती हो। सुनिए उस लड़के ने क्या कहा—

मैं मोतियों के पिटारे बस यूँ ही भर लाता रहा,
मैं पागल समंदर जो ठहरा.....
बस अपनी लहरों पर इतराता रहा,
वो आज ना जाने क्यों मुझमें
इस तरह से घुलकर आ गई
जिस रेत से मैं अनजाने यूं ही....
रोज़ था यूं टकराता रहा,

मैं नादां ना जाने क्यूँ कभी समझ ना पाया
उससे मिलता रहा रोज़ ही,
और छूकर ही लौट जाता रहा,
मिलना-बिछड़ना तो इक वहम भर था बस ....अब
जाना
क्योंकि रेत और समंदर को तो...
वो ऊपरवाला ही मिलाता रहा,
नाराज़ है शायद तपिश में वो मुफ़लिसी से मेरी
पड़ गई सूखी रेत सी वो—
जिसे अनजाने में मैं ठुकराता रहा,
एहसास ही नहीं था ये पड़ी थी किनारे
वहीं इंतज़ार में मेरे,
और मैंने उसे उसका घर समझा...
बस खुद में यही दोहराता रहा,
वो चाहे रेत अब पड़ गई सूखी तो क्या हुआ
हम इश्क की लहरों के साहिल इस बार ले आएंगे,
घुल जाएंगें उसमें बेइंतहा इस कदर
और फिर से हम एक हो जाएंगे,
वो रेत ही सही पर मयस्सर है
अब ज़िंदगी में मेरी
के वो रेत ही सही सूखी तो भी ...
मयस्सर है अब ज़िंदगी में मेरी....

_ ✒ राहुल शर्मा "अनभिज्ञ"

कुछ इश्क़-कलम के जज़्बात

चलिए आज आपको मिलवाते हैं कुछ इश्क़ कलम के जज़्बातों से। लोग कहते हैं कि अब आगे बढ़ जाओ, पर इतना भी आसान नहीं है आगे बढ़ जाना। एक लंबी उम्र बीत जाती है ख़ुद को ये समझाने में कि ऐसा होना लिखा ही नहीं था। और जब तक कोई हमराही ना मिल जाए, फिर से आगे बढ़ पाना मुश्किल है, बहुत मुश्किल। सुनिए ज़रा क्या लिखा है एक नए नवेले कवि ने अपनी इश्क़-कलम से:

सुनो ज़रा, इक बात सुनो
कुछ इश्क़-कलम के जज़्बात सुनो,
कुछ शायद हों तुम्हारे भी उनमें
हो सके तो वो तुम सारे ख़्यालात सुनो,
ये कोई अनकही सी कहानी नहीं है
जो है सभी के, वो हालात सुनो,
कभी चांद पर फ़िदा हुए जो
आज चांद से करते हैं जो बात सुनो,
जो कश्मकश के पन्नों में बंद हैं कहीं
वो गहरे तुम सब सवालात सुनो,
किसी पर लुटाए गए थे जो
तुम वो सारे दिल के बाग सुनो,
मुरझाए हुए मरुथल में जैसे
किसी के यादों की बयार सुनो,
कुछ पागल प्रेमी, कुछ हारे हुए हैं
कुछ संभल गये, कुछ सँभाले गये हैं,
कुछ बढ़ गये आगे, कुछ अटके वहीं हैं,
जो बढ़ गये आगे, वो अकेले भटक रहे हैं
फिर किसी पर विश्वास करने से....
शायद अब वो थोड़ा झिझक रहे हैं,
कुछ किस्से हैं पुरानी शामों के समझो
जो ज़हन में उनके धड़क रहे हैं,
कुछ बातें हैं मीठी और कड़वी सी
जिनसे रह-रह कर वो मुकरने की कोशिश कर रहे हैं,
कुछ भुला कर बैठे हैं
कुछ में अभी भी उलझ रहे हैं,
है इतना तो आसान नहीं, माना ए बंदे
पर बात तो ये है वो....

कितनी सच्ची कोशिश कर रहे हैं,
कुछ ने जो हां फिर एतबार किया है
वो भी कहाँ अब खुश नज़र हैं आते
पुरानी यादों में भी मानो
कभी-कभी वो भी अटक हैं जाते,
अब सबके तुम ये हसरत-ए-कमालात सुनो
अटकी है जो..... ना निकल रही हैं
उन बेवफा सांसों की सौगात सुनो
सुनो ज़रा, इक बात सुनो
कुछ इश्क़-कलम के जज़्बात सुनो......

_✍ राहुल शर्मा "अनभिज्ञ"

आ ऐ नींद कभी तो ऐसे

आ ऐ नींद कभी तो ऐसे
कि बेचैन कोई आहट तक न हो,
चिंता का कोई निशान न हो,
दिल में कोई घबराहट तक न हो,
हवाएँ भी गुम होके खो जाएँ सन्नाटों में,
तेरे क़दमोंकशी से.....
पत्तों में भी कोई सरसराहट तक न हो,
आ भर ले कभी मुझे बाँहों में कुछ इस कदर,
सुबह तक मेरे जिस्म में.....
कोई सुगबुगाहट तक न हो,

कर दे बेफ़िक्र इतना कि...
वक़्त की परवाह न रहे मुझे,
सुकून दे इतना ज़रा,
दिल में कोई हड़बड़ाहट तक न हो,
ऐ नींद.....जकड़ ले कभी तो
मुझे इस क़दर आगोश में,
कि फिर किसी ख़्वाब में कोई रुकावट तक न हो
आ ऐ नींद कभी तो ऐसे
कि बेचैन कोई आहट तक न हो,
चिंता का कोई निशान न हो,
दिल में कोई घबराहट तक न हो...

_✍ राहुल शर्मा "अनभिज्ञ"

इंतज़ार ही तो इश्क़ की सबसे खूबसूरत सज़ा है

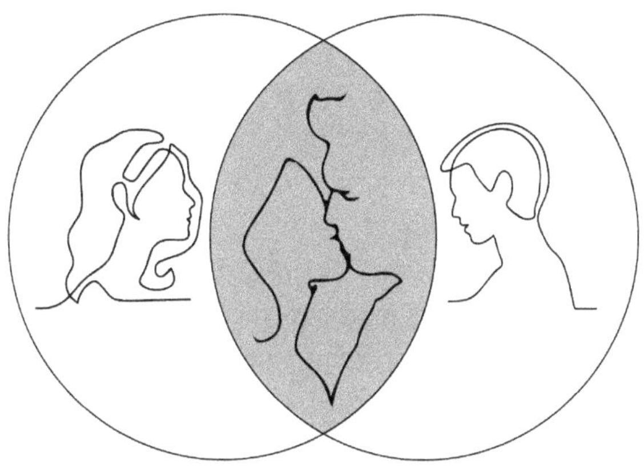

इंतज़ार.....

कितना छोटा सा शब्द है ना, पर सच मानों तो इसका बोझ इतना होता है कि जान पर बन आती है कभी-कभी। वो कैसे?

आइए बताते हैं आपको.....

कभी Long distance relationship में रहे हो तो एक बात से ज़रूर इत्तेफ़ाक रखते होंगे आप कि इंतज़ार जो है ना इश्क़ की वो सबसे खूबसूरत सज़ा है जिसे हर सच्चा प्यार करने वाला खुशी-खुशी गले लगाकर रखता है और बदले में मिलती है एक उम्मीद, एक वादा, एक भरोसा कि अब जब ये इंतज़ार खत्म होगा तो फिर आगे इस रिश्ते में इंतज़ार कभी नहीं होगा।

आज उनसे आख़िरी बार था मिलना
मालूम तो था इस दिल को, फिर से एक बार....
एक लंबे अरसे के लिए था बिछड़ना,
दिल इतना खुश था कि कोई ठिकाना नहीं
और दर्द भी इतना की ......
इसी मासूम दिल में ही छुपाकर भी था जो रखना,
छुपाकर अपने सारे डर
छुपाकर उनसे नज़रे सहर,
कोशिश बहुत की थी आज
उनसे सब छिपा सकूं मैं,
वो मुझसे एक-एक लम्हे में वाबस्ता हो
ताकि उनके कहे हर हरफ़ पर ध्यान लगा सकूं मैं,
मैंने सोचा कि अभी बात सिर्फ़ अभी की कहूं
अपना सारा दर्द उसे गले लगाकर बता सकूं मैं,
फिर से चले जाएंगे दूर....एक लंबे अरसे के लिए
तो क्यूं ना इस पल जो तुम्हारे हाथों में हाथ है मेरा
इस छुअन को बस महसूस कर हाथों में समा सकूं मैं,
आज जो तुम इतना सज संवर कर मिले हो
जी चाहता इन आंखों में तस्वीर उकेर कर रख लूँ
जिसकी रोज़ बस पूजा करूं मैं,
आंखों की गलती भी है कम नहीं
तरसती हैं तुझे देखने को इस क़दर....
अब तू ही बता इनसे कैसे वो तस्वीर अलग करू मैं,
मैं थोड़ा हूं असमंजस में
थोड़ा हैरान भी हूं
जितना मैं खुशी से पागल हूं
उतना ही परेशान भी हूं,
मालूम है मुझे और शायद तुम्हें भी ये इल्म है
बस यही कुछ घंटे हैं अभी साथ में हम दोनों

उसके बाद इंतज़ार के ज़ुल्म हैं,
मैं खुलकर भी तो कह सकता नहीं किसी से....
मुझे ये रिश्ते भी तो निभाने हैं
मैं तुम्हें और भी ज़्यादा चाहने लगा हूं
ये सारे जज़्बात ज़माने भर से भी तो छुपाने हैं,
बस आज तुम्हे इस क़दर चश्म-ए-आर करना है
एक एक लम्हे को आज एक किताब करना है,
जब तुमसे दूर रहने के दिन भारी होंगे
यही कुछ पल तो मेरे साथी होंगे,
आज बस तुम मुझे
एक-एक पल को संजो तो लेने दो
तुम बस कहती रहो कुछ,
मुझे बस बातों में तुम्हारी खो तो लेने दो,
तुम्हारी हंसी, तुम्हारी आंखें, तुम्हारा भोलापन
सब कुछ मुझे इस मन में थोड़ा पिरो तो लेने दो,
कर लेने दो मुझे भी यक़ीन
कि तुम नही कोई ख्वाब हो,
मैंने तुम्हें गले लगाया है अभी ही तो,
महसूस की है धड़कन तुम्हारी
तुम सच में इतने करीब.... आज मेरे पास हो,
फूल खिले हैं आज ही तो
आज ही तो सावन मेरा बरसा है
आज ही तो थोड़ा कम पहरा सा है,
आज ही तो फुरसत से मिले है अरसे बाद
आज ही तो ये वक्त थोड़ा ठहरा सा है,
हां माना ये खता तो की है मैंने
भंवरा एक पागल सा हूं
जो तुम्हारी खुशबू चुराई है थोड़ी,
वो काफ़ी है

क्योंकि.....मिलन बसंत फिर से आने में.....
एक लंबा वक्त अभी बाकी है,
मैं बस तुम्हारी सांसों को एक गीत बनाकर रखूंगा
जब तक फ़िर से मिलोगे नही, खुद में रमा कर रखूंगा
मैं बस थोड़ा पत्थर दिल ही सही था
तुमने मुझे ऐसा पिघलाया क्यों
मैं बैचेन नहीं था, तुमने ये चैन चुराया क्यों,
अब मैं इतना हल्का हूं
कि जज़्बातों को रोक कर सब सहता रहूंगा
आज वापस जाते वक्त ......
तुम्हारी आंखों से शायद बहता रहूंगा,
उफ़्फ़..... ये इश्क़ है के कोई मर्ज़ बेइलाज लगा है
क्या ये सच नही है कि.....
"इंतज़ार" ही इश्क़ की सबसे खूबसूरत सज़ा है
कि "इंतज़ार" ही तो इश्क़ की सबसे खूबसूरत सज़ा है

_✍️ राहुल शर्मा "अनभिज्ञ"

चांद: जज़्बातों की नाव

क्या आपने कभी चाँद से बात की है? क्या कहा? नहीं?

तब तो शायद आपको कभी प्यार नहीं हुआ क्योंकि
अगर आप प्यार में हैं तो चाँद ही इक हमराज़ होता है
जनाब, जिससे आप वो सब बातें करते हो जो आप
अपने प्रेमी को कह नहीं पाते। सुनिए क्या बातचीत
होती है प्रेमियों और चाँद के बीच—

चाँद तुम्हारा साथ है जैसे
जज़्बातों के समंदर में कोई नाव के जैसे,
तुम ही तो.. मेरे और उनके बीच की वो कड़ी हो
इधर मैं....उधर कहीं दूर शायद
वो भी तुझसे कुछ कहने छत पर खड़ी हो,

जो मैंने कहा ना उससे... वो बातें सारी तुम्हे बताई हैं
उसके लिए लिखी हर चिट्ठी तुझे सुनाई है,
ऐसा महसूस करता है ये पागल दिल मेरा
कि वो भी तुझसे पूछती होगी हाल ज़रूर मेरा,
और यूँ ही तो रोज़ तू बेवजह आता नहीं
तू कह दे कि ये झूठ कि तू मेरा पैगाम उसे सुनाता
नहीं,
कुछ तो कभी-कभी तू नाराज़ सा जो लगता है
क्योंकि कभी तू होता रोशन तो कभी कला में घटता है,
लगता है जैसे तू इस तरह हाल उसका ही बताता है
कब है परेशान वो..कब खुश है
इसका इशारा दे जाता है,
ना जाने तुझमें क्यूँ......
उसका दीदार दिल ये करता है
पागल है ये क्या समझाऊँ...
बच्चे सी ज़िद करता है,
जिस तरह तुझ तक पहुंचने का
बस सपना सब बुनते हैं
यही इस दिल को समझाकर
इस पर काबू हम करते हैं,
क्या हुआ अगर अभी
मेरे और उसके बीच में दूरी भले अभी बड़ी हो....
इधर मैं... उधर कहीं दूर शायद वो भी
तुझसे कुछ कहने छत पर खड़ी हो

_✍ राहुल शर्मा "अनभिज्ञ"

हमदर्दों से विदाई

आज की कविता है कुछ झूठे हमदर्दों के लिए, जो रोज़ आप ही के बीच रहते हैं, आप ही के साथ सामाजिकता वाला खेल खेलते हैं। मौका मिलने पर ये आप ही खिलाफ खड़े भी सबसे पहले होते हैं। सुनिए जब एक इंसान ऐसे झूठे हमदर्दों को आज़माता है तो क्या-क्या महसूस करता है, जब उनसे बोल रहा हो कि बस अब बहुत हुआ;

कुछ बात हुई
कुछ हुआ चिंतन
कुछ समस्या बताई गई,
कुछ रूखी किसी को तो
किसी को खरी सुनाई गई,
कुछ मन ही मन तो कुछ
खुले आम खिलाफत हुई,
कभी इसकी, कभी उसकी

कोई ना कोई दबी-दबी सी बगावत हुई,
कुछ जो होंठों पर थी बात ठहरी हुई कब से
आज मौके पर फरमाई गई,
आज वैसे थोड़ा बेशर्म हम भी थे
लोगों को आईने में उनकी छवि दिखाई गई,
यूं तो हमको किसी से कोई शिकवा है नही
लेकिन फिर भी आज ये तरकीब चलाई गई,
हमने खुदको बताया बुरा सबसे
फिर सबकी कड़वाहट उगलवाई गई,
हम थोड़े दुखी ज़रूर हुए देखकर
दो-मुहें कुछ हमदर्दों को
जब आज थोड़ी उनकी हमदर्दी आज़माई गई,
बेहतर है कि रूखसती उनकी हमारी ज़िंदगी से
या हमारी हो उनकी ज़िंदगी से....
आज बस उनको ये बात समझाई गई,
दौर है ये भी जो
यूं ही गुज़र ही जायेगा,
कोई कुछ दिन करेगा याद
कोई जल्दी, तो कोई थोड़ा देर से भूल ही जाएगा,
बस ज़रूरी ये है कि
दिल में ना कोई बाकी फिर और कसक रहे
थोड़ी खट्टी थोड़ी मीठी जो भी हो
बस थोड़ी सी इंसानियत की बचत रहे,
ज़िंदगी है ये फिर ज़रूर मिलवाएगी
फिर से कोई न कोई पंचायत हमसे करवायेगी,
फिर से कुछ बात बताई जाएगी
कुछ होगा चिंतन
कुछ समस्या बताई जाएगी,
कुछ रूखी किसी को तो

किसी को खरी सुनाई जाएगी,
दुनिया गोल है ये
ये रीत यूं ही बस हमेशा निभाई जाती जाएगी

_✍ राहुल शर्मा "अनभिज्ञ"

मैं निकला हूँ फिर से आज खुद को आज़माने को

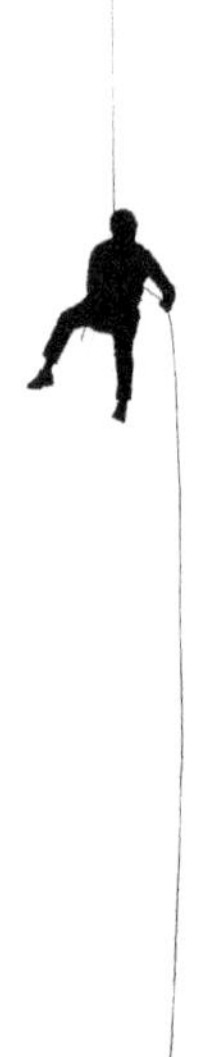

ज़माने भर ने मुझ में ढूंढी कमी ज़माने भर की
बस मैंने खुद का साथ कभी छोड़ा नहीं..........
कभी ना कभी किसी वक्त आपके साथ भी ऐसा हुआ
होगा कि आप कुछ ऐसा करना चाहते हैं जो शायद इस
ज़माने के बनाए हुए ढांचे के हिसाब से ना हो, तो बस
एक बात आप हमेशा याद रखें की लोग शोर तब तक
मचाएंगे जब तक आप उस फैसले को सही ना साबित
कर दो। तो अगली बार कोई जमाने के ठेकेदार आपके
शुभचिंतक बनकर आएँ तो उनको कह देना कि......

मैं निकला हूँ फिर से आज
खुद को आज़माने को
शायद मिले शुमारी मुझे या
मुंह की मिले खाने को,
पर जो भी होगा मेरा ही होगा ना....परवाह नहीं
फिर ना जाने क्यों है इसमें
दिलचस्पी इस ज़माने को,
मैं जीत जाऊँ तो आएंगे मुझ तक मेरे अपने से बनकर
जो लडखड़ाया तो ना आएगा कोई उठाने को,
तो फिर ठीक है जो तुम मुझे
मेरे हाल पर छोड़ दो
क्योंकि मैं लड़ता नहीं किसी से
शबाशियों के तमगे हां पाने को,
और ....तुम कुछ कर सको तो बस इतना करो
मेरे हमदर्द बनने वाले,
जब ठान लूं तो ना कहना मुझे
पीछे लौट आने को,
कि जो भी होगा मेरा ही होगा ना....परवाह नहीं
फिर ना जाने क्यों है इसमें
दिलचस्पी इस ज़माने को.....

मैं ऐसे ही रहा हूँ लड़ता हालातों से
मेरा भी हुआ था मन कभी
सब कुछ छोड़ जाने को,
पर कुछ बमुश्किल ही समझा कर रखा खुद को
तुम क्या जानो कि मज़ा ही अलग है
खुद से लड़ जाने को,
मैं कोशिश भरपूर करूंगा और लड़ूंगा,

मुझे लड़ने तो दो
पुरज़ोर लगाऊँगा पार पा जाने को,
दिल में तसल्ली रखनी है ज़रूरी
कि कोशिश भरसक की है मैंने,
फिर से उठ जाने को
तुम बातों में तो मेरे शुभचिन्तक बनते रहे
पर कुछ ना करो अब ये हमदर्दी जताने को,
कि जो भी होगा मेरा ही होगा ना....परवाह नहीं
फिर ना जाने क्यों है इसमें
दिलचस्पी इस ज़माने को.....

मैं अब नभ विचार हूं,
मैं बादल से भी भिड़ने को तैयार हूं
मैं अब सारथी हूं स्वयं का,
मैं अब ख़ुद का दौर हूं,
मैं ख़ुद में एक आगाज़ हूं
मैं ख़ुद से लड़कर हूं पहुंचा यहां तक
तुम अब ना करो कोशिश मुझे
पीछे खींच लाने को,
मैंने कहा नहीं कि मुझे
चाहिए कुछ भी तुमसे
मत सेको बस अपनी
छोटी सोच के बहानों को,
इंसान हैं हम तो लड़ भी सकते हैं
कि इंसान हैं हम तो लड़ भी सकते हैं....
यूं ना करो ईर्ष्या
किसी को नीचा दिखाने को,
तुम मुझे ये करने दो
ख़ुद में ख़ुद से कुछ वादे करने दो,

तुम बस मुझे अब ना मजबूर करो
तुम्हे सच्चाई का आईना दिखाने को,
कि जो भी होगा मेरा ही होगा ना....परवाह नहीं
फिर ना जाने क्यों है इसमें
दिलचस्पी इस ज़माने को.....

_✍ राहुल शर्मा "अनभिज्ञ"

www.ingramcontent.com/pod-product-compliance
Lightning Source LLC
La Vergne TN
LVHW050933200726
843508LV00011B/2331

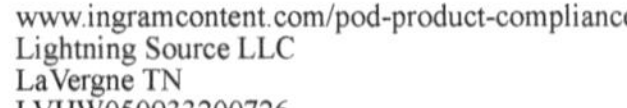